Impressum
Verlag: BABADADA GmbH, Nedderfeld 112 , 22529 Hamburg
Geschäftsführer / Verlagsleitung: Harald Hof
Druck: Books on Demand GmbH, In de Tarpen 42, 22848 Norderstedt

Imprint
Publisher: BABADADA GmbH, Nedderfeld 112 , 22529 Hamburg, Germany
Managing Director / Publishing direction: Harald Hof
Print: Books on Demand GmbH, In de Tarpen 42, 22848 Norderstedt, Germany

школа

学校

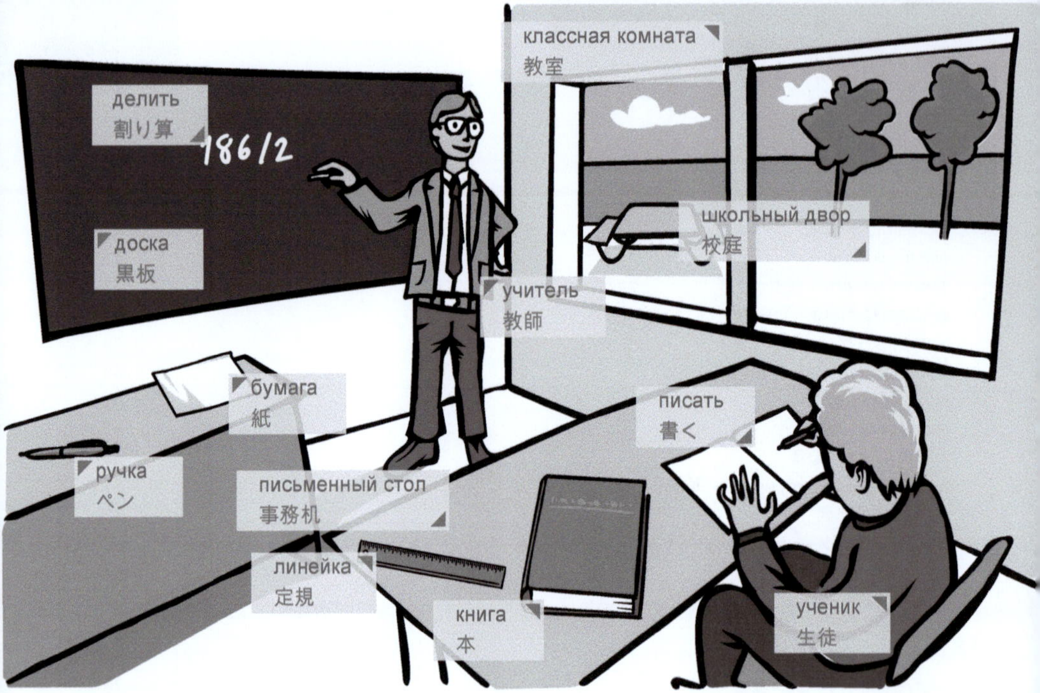
классная комната
教室
делить
割り算
186/2
доска
黒板
школьный двор
校庭
учитель
教師
бумага
紙
писать
書く
ручка
ペン
письменный стол
事務机
линейка
定規
книга
本
ученик
生徒

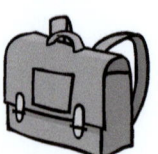

ранец

ランドセル

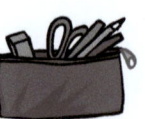

пенал

筆入れ

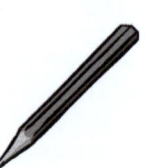

карандаш

鉛筆

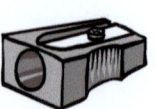

точилка

鉛筆削り

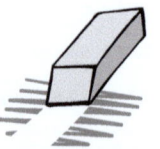

ластик

消しゴム

альбом для рисования

スケッチブック

рисунок

スケッチ

кисточка

絵筆

коробка красок

絵の具箱

ножницы

はさみ

клей

接着剤

тетрадь

練習帳

домашняя работа

宿題

цифра

数

прибавлять

足し算

вычитать

引き算

умножать

かけ算

計算する

считать

計算する

буква

文字

алфавит

アルファベット

слово

単語

текст

テキスト

читать

読む

мел

チョーク

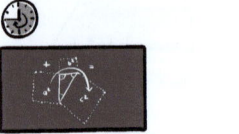

урок

授業

классный журнал

学級日誌

экзамен

試験

диплом

通知表

школьная форма

制服

образование

教育

энциклопедия

百科事典

университет

大学

микроскоп

顕微鏡

карта

地図

корзина для бумаг

ごみ箱

путешествие
旅行

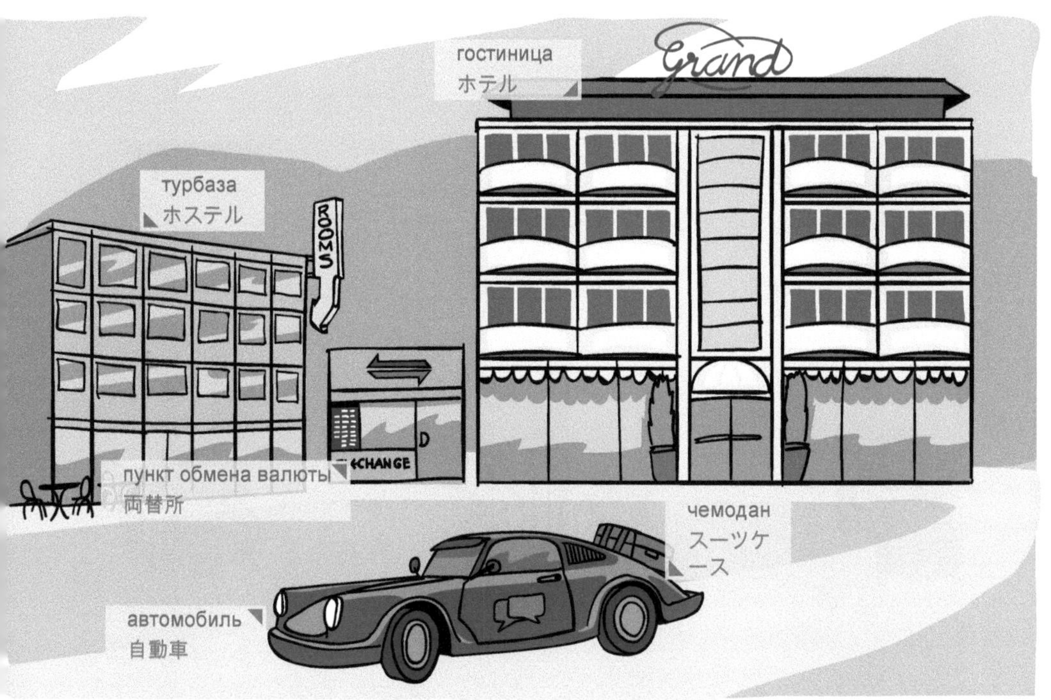
гостиница
ホテル
Grand
турбаза
ホステル
ROOMS
EXCHANGE
пункт обмена валюты
両替所
чемодан
スーツケース
автомобиль
自動車

язык
言語

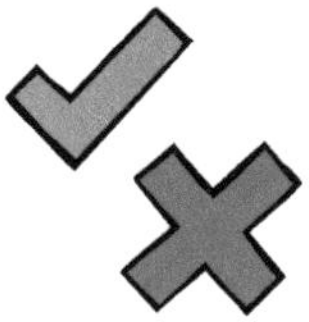

да / нет
はい / いいえ

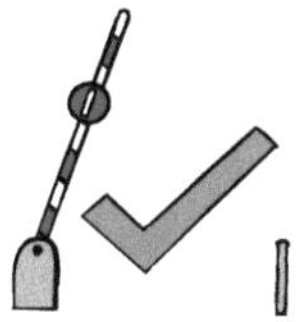

хорошо
問題ない

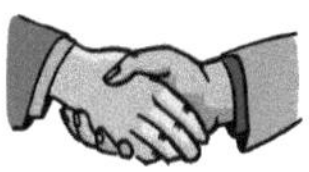

Привет
ハロー

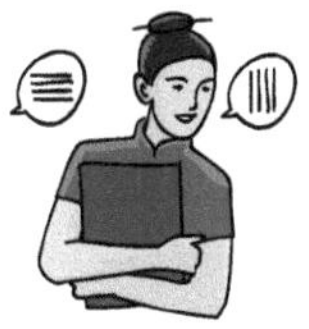

переводчик
翻訳者

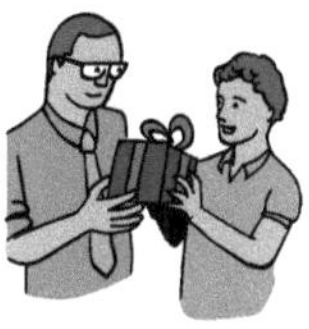

Спасибо
ありがとう

Сколько стоит...?

...はいくらですか？

Я не понимаю

わかりません

проблема

問題

Добрый вечер!

こんばんは！

Доброе утро!

おはようございます！

Доброй ночи!

おやすみなさい！

До свидания

さようなら

направление

方向

багаж

手荷物

сумка

バッグ

рюкзак

リュックサック

гость

お客様

комната

部屋

спальный мешок

寝袋

палатка

テント

туристическая
информация
旅行者情報

пляж
ビーチ

кредитная карточка
クレジットカード

завтрак
朝食

обед
昼食

ужин
夕食

билет
チケット

лифт
エレベーター

почтовая марка
スタンプ

граница
境界

таможня
税関

посольство
大使館

виза
ビザ

паспорт
パスポート

транспорт
輸送

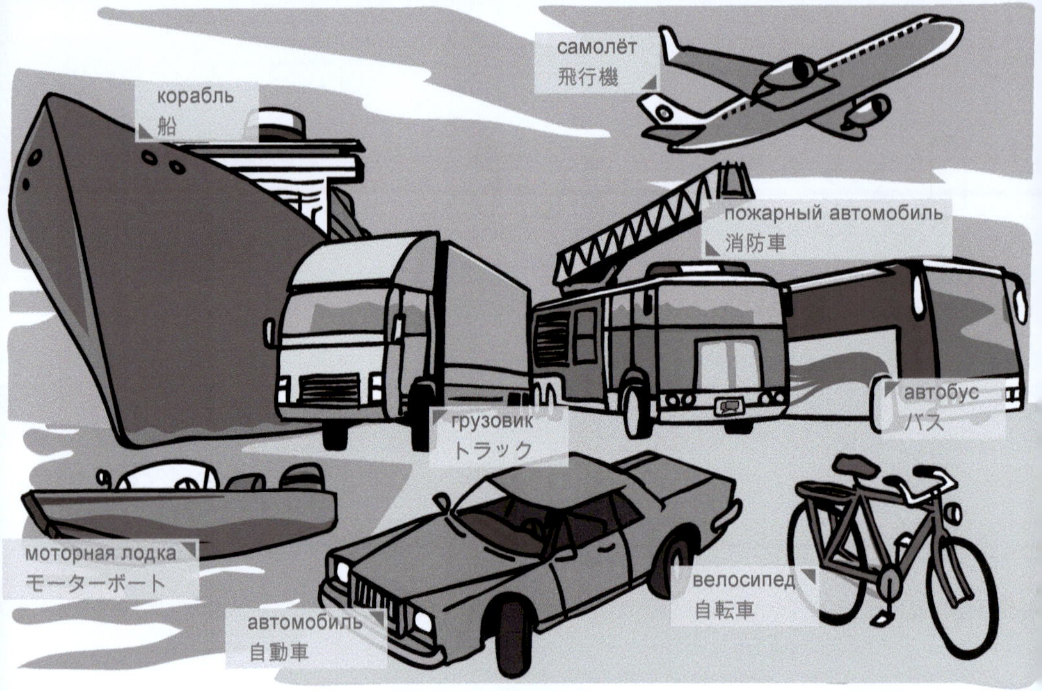

самолёт
飛行機
корабль
船
пожарный автомобиль
消防車
автобус
バス
грузовик
トラック
моторная лодка
モーターボート
велосипед
自転車
автомобиль
自動車

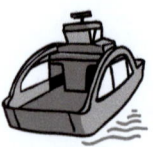

паром
フェリー

лодка
ボート

мотоцикл
バイク

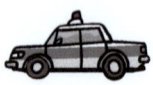

полицейский автомобиль
パトカー

гоночный автомобиль
レーシングカー

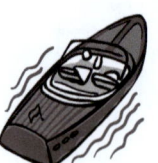

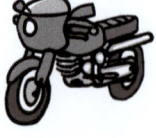

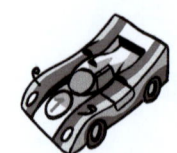

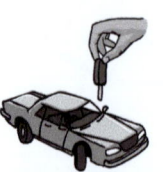

арендованный автомобиль
レンタカー

совместное пользование
автомобилями
カーシェアリング

буксировочный
автомобиль
レッカー車

мусоровоз
ごみ収集車

двигатель
モーター

топливо
燃料

заправка
ガソリンスタンド

дорожный знак
交通標識

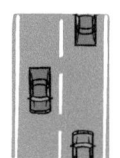

движение
交通

пробка
渋滞

автостоянка
駐車場

вокзал
駅

рельсы
道

поезд
列車

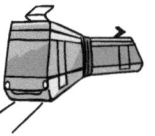

трамвай
路面電車

вагон
車両

вертолёт

ヘリコプター

аэропорт

空港

вышка

タワー

пассажир

乗客

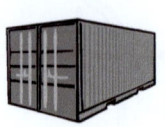

контейнер

コンテナ

коробка

段ボール箱

тележка

カート

корзина

カゴ

взлетать / приземляться

離陸 / 着陸

город

都市

деревня

村

центр города

都心

дом

家

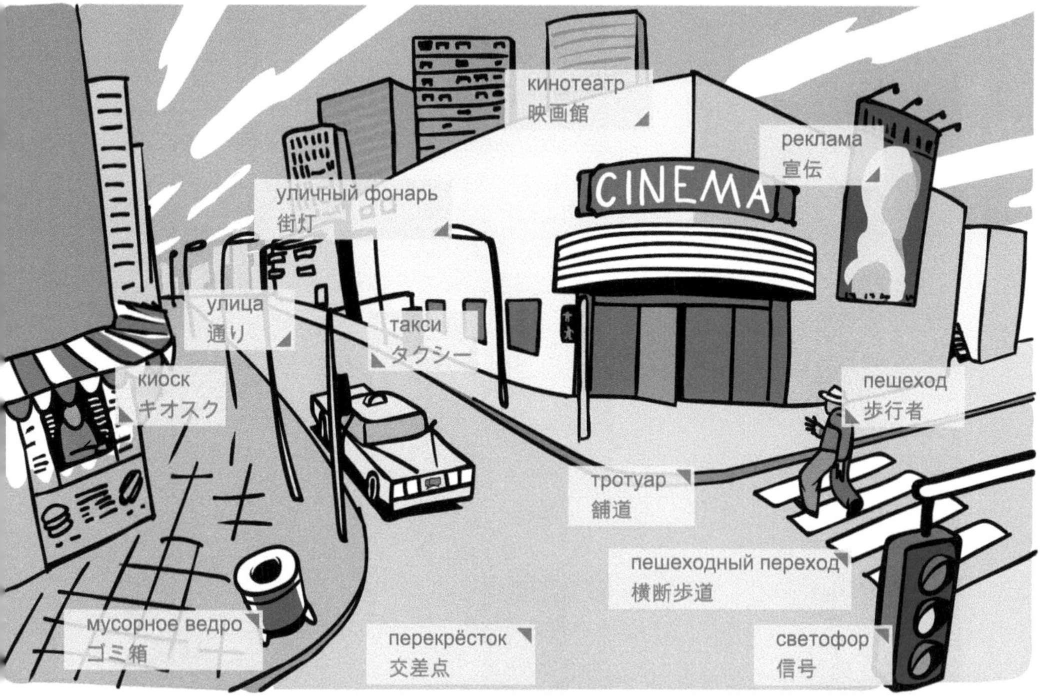

кинотеатр
映画館

реклама
宣伝

уличный фонарь
街灯

улица
通り

такси
タクシー

киоск
キオスク

CINEMA

пешеход
歩行者

тротуар
舗道

пешеходный переход
横断歩道

мусорное ведро
ゴミ箱

перекрёсток
交差点

светофор
信号

хижина

小屋

квартира

アパート

вокзал

駅

ратуша

市役所

музей

美術館

школа

学校

университет

大学

банк

銀行

больница

病院

гостиница

ホテル

аптека

薬局

офис

オフィス

книжный магазин

書店

магазин

ショップ

цветочный магазин

花屋

супермаркет

スーパーマーケット

рынок

市場

универмаг

デパート

торговец рыбой

魚屋

торговый центр

ショッピングセンター

порт

港

парк

公園

скамейка

ベンチ

мост

橋

лестница

階段

метро

地下鉄

тоннель

トンネル

автобусная остановка

バス停

бар

バー

ресторан

レストラン

почтовый ящик

ポスト

табличка с названием улицы

道路標識

паркометр

パーキングメーター

зоопарк

動物園

бассейн

スイミングプール

мечеть

モスク

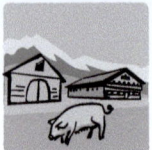

ферма

農場

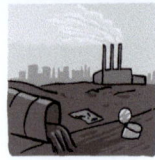

загрязнение окружающей среды

汚染

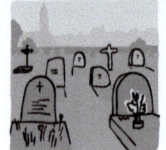

кладбище

墓地

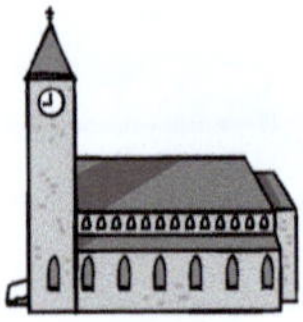

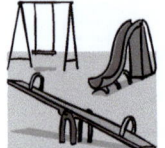

церковь

教会

детская площадка

遊び場

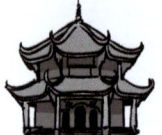

храм

寺

ландшафт

風景

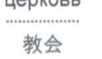

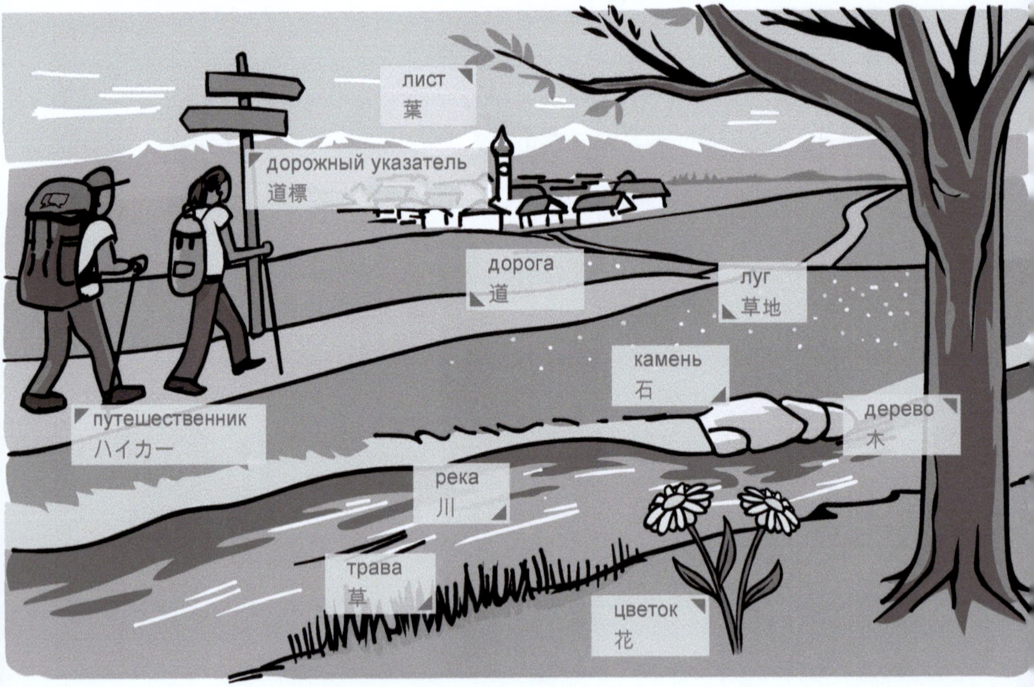
лист
葉
дорожный указатель
道標
дорога
道
луг
草地
камень
石
путешественник
ハイカー
дерево
木
река
川
трава
草
цветок
花

долина

谷

гора

山

озеро

湖

лес

森

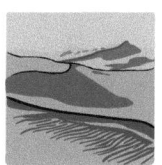

пустыня

砂漠

вулкан

火山

замок

城

радуга

虹

гриб

キノコ

пальма

ヤシの木

комар

蚊

муха

ハエ

муравей

蟻

пчела

ミツバチ

паук

クモ

жук

カブトムシ

лягушка

蛙

белка

リス

еж

ハリネズミ

заяц

ウサギ

сова

フクロウ

птица

鳥

лебедь

白鳥

кабан

雄豚

олень

鹿

лось

ヘラジカ

плотина

ダム

ветряной генератор

風力タービン

солнечная батарея

ソーラーパネル

климат

気候

ресторан

レストラン

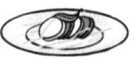

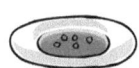

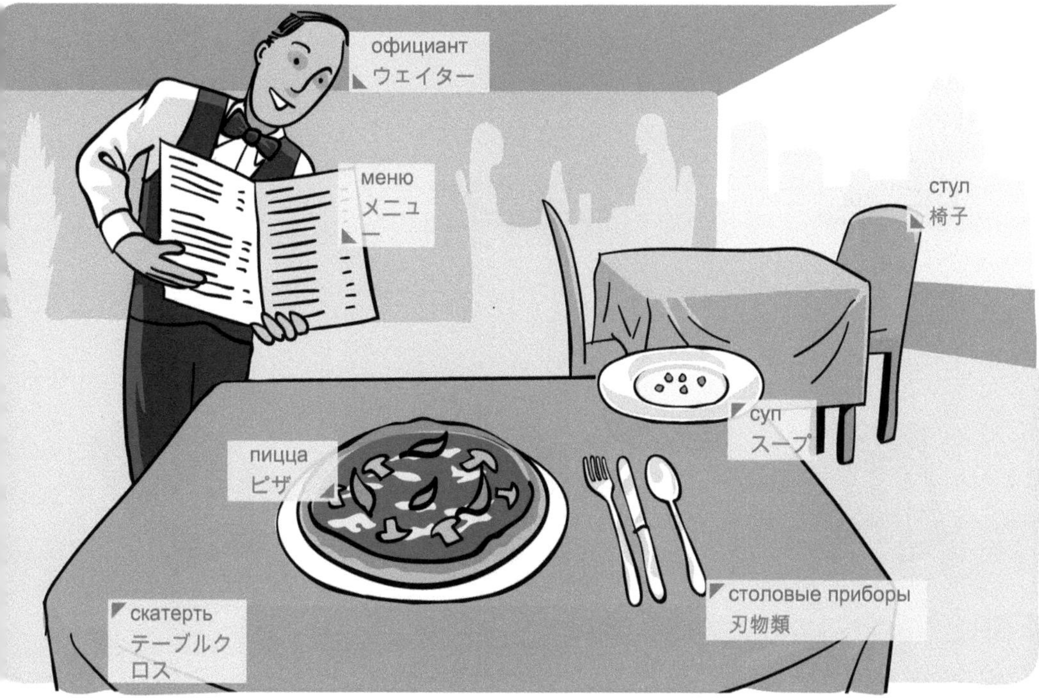

официант
ウェイター
меню
メニュー
стул
椅子
суп
スープ
пицца
ピザ
скатерть
テーブルクロス
столовые приборы
刃物類

закуска

前菜

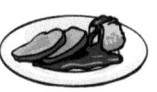

главное блюдо

メインコース

десерт

デザート

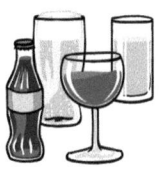

напитки

飲み物

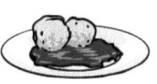

еда

食べ物

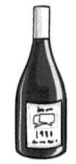

бутылка

ボトル

фастфуд

ファストフード

уличная еда

屋台の食べ物

чайник

ティーポット

сахарница

砂糖入れ

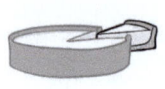

порция

一人前

кофеварка

エスプレッソマシン

детский стульчик

幼児用食事椅子

счет

請求書

поднос

トレー

нож

ナイフ

вилка

フォーク

ложка

スプーン

чайная ложка

ティースプーン

салфетка

ナプキン

стакан

グラス

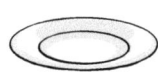

тарелка

皿

суповая тарелка

スープ皿

блюдце

受け皿

соус

ソース

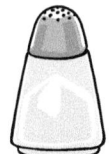

солонка

塩入れ

мельница для перца

ペッパーミル

уксус

酢

масло

油

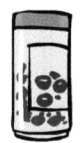

специи

スパイス

кетчуп

ケチャップ

горчица

マスタード

майонез

マヨネーズ

супермаркет

スーパーマーケット

специальное предложение
特価品
FOR
покупатель
顧客
молочные продукты
乳製品
фрукты
果物
тележка для покупок
ショッピング・カート

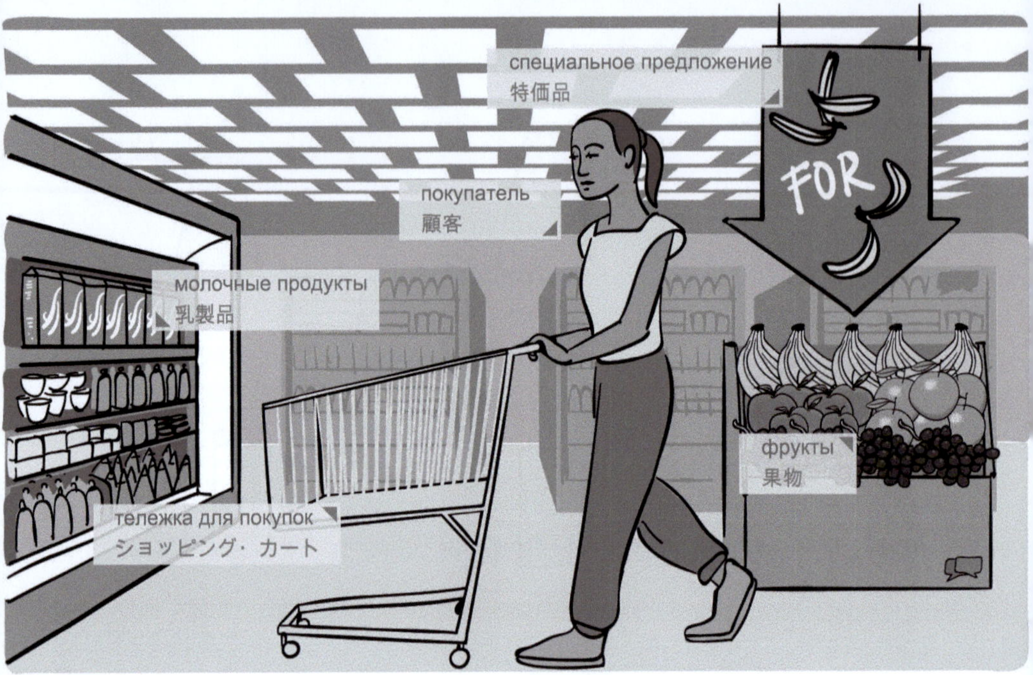

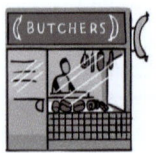

BUTCHERS

мясной магазин

肉屋

BAKERY

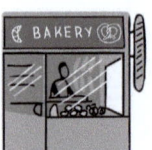

пекарня

パン屋

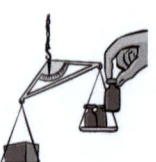

взвешивать

重さをはかる

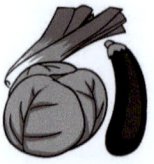

овощи

野菜

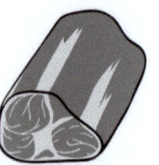

мясо

肉

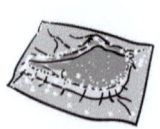

быстрозамороженные продукты

冷凍食品

нарезка

冷肉の薄切り

консервы

缶詰食品

стиральный порошок

洗剤

сладости

菓子

предмет домашнего обихода

家庭用品

моющее средство

清掃用品

продавщица

販売員

касса

現金箱

кассир

レジ係

список покупок

買い物リスト

время работы

開館時刻

бумажник

財布

кредитная карточка

クレジットカード

сумка

バッグ

полиэтиленовый пакет

ポリ袋

супермаркет - スーパーマーケット

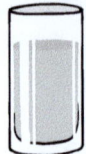

вода

水

сок

ジュース

молоко

牛乳

кока-кола

コーラ

вино

ワイン

пиво

ビール

алкоголь

アルコール

какао

ココア

чай

紅茶

кофе

コーヒー

эспрессо

エスプレッソ

капучино

カプチーノ

банан

バナナ

яблоко

リンゴ

апельсин

オレンジ

арбуз

メロン

лимон

レモン

морковь

ニンジン

чеснок

ニンニク

бамбук

竹

лук

玉ねぎ

гриб

キノコ

орехи

ナッツ

лапша

ヌードル

спагетти

スパゲッティ

рис

米

салат

サラダ

картофель фри

フライドポテト

жареный картофель

フライドポテト

пицца

ピザ

гамбургер

ハンバーガー

сэндвич

サンドウィッチ

шницель

カツレツ

ветчина

ハム

салями

サラミ

колбаса

ソーセージ

курица

鶏肉

жаркое

焼き

рыба

魚

овсяные хлопья

麦のお粥

мюсли

ムーズリ

кукурузные хлопья

コーンフレーク

мука

小麦粉

круассан

クロワッサン

булочка

ロールパン

хлеб

パン

тост

トースト

печенье

ビスケット

масло

バター

творог

カッテージチーズ

пирог

ケーキ

яйцо

卵

яичница

目玉焼き

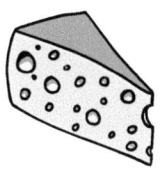

сыр

チーズ

мороженое

アイスクリーム

сахар

砂糖

мёд

はちみつ

мармелад

ジャム

крем с нугой

ヌガークリーム

карри

カレー

ферма

農場

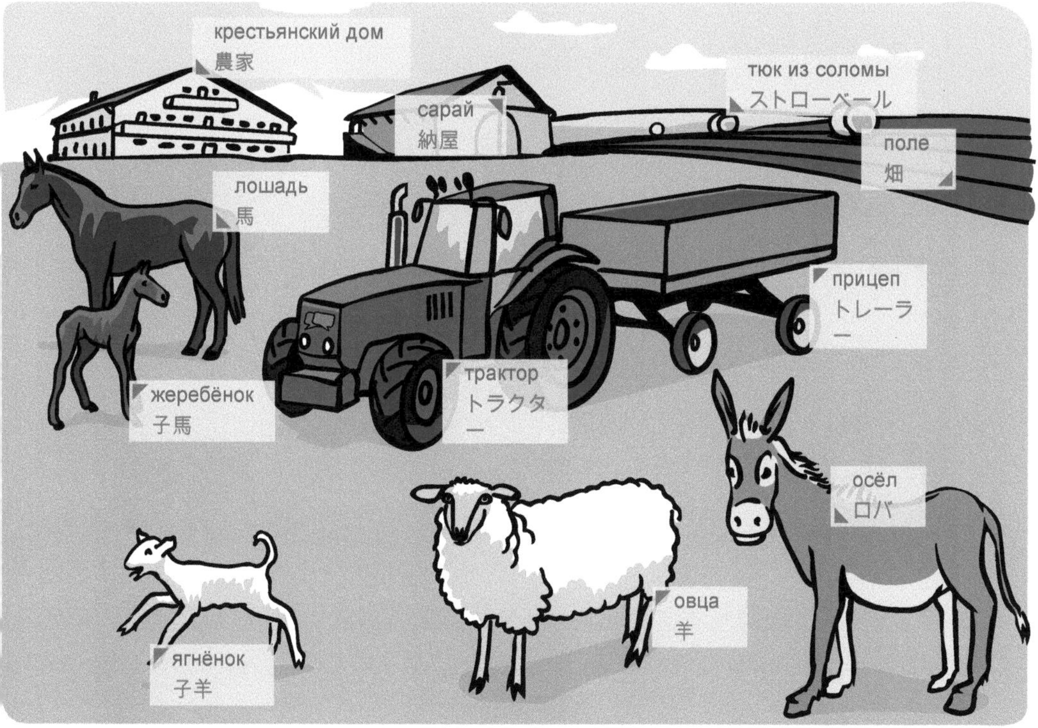

крестьянский дом
農家
сарай
納屋
тюк из соломы
ストローベール
поле
畑
лошадь
馬
прицеп
トレーラー
трактор
トラクター
жеребёнок
子馬
осёл
ロバ
овца
羊
ягнёнок
子羊

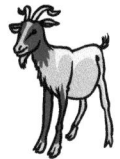

коза

ヤギ

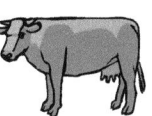

корова

雌牛

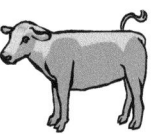

телёнок

子牛

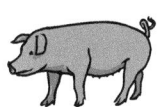

свинья

豚

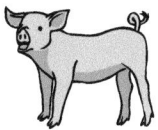

поросёнок

子豚

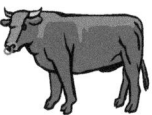

бык

雄牛

гусь
ガチョウ

утка
アヒル

цыплёнок
ひよこ

курица
にわとり

петух
おんどり

крыса
ネズミ

кошка
猫

мышь
ねずみ

вол
雄牛

собака
犬

конура
犬小屋

садовый шланг
散水ホース

лейка
じょうろ

коса
大鎌

плуг
すき

серп

草刈り鎌

мотыга

くわ

навозные вилы

堆肥用フォーク

топор

斧

тачка

手押し車

корыто

かいばおけ

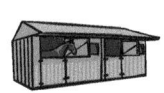

бидон для молока

牛乳缶

мешок

袋

забор

フェンス

хлев

畜舎

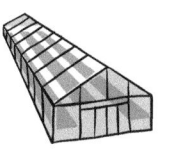

теплица

温室

почва

土壌

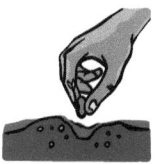

посев

種

удобрение

肥料

комбайн

コンバイン

ферма - 農場

собирать урожай

収穫する

урожай

収穫

ямс

ヤマイモ

пшеница

小麦

соя

大豆

картофель

じゃがいも

кукуруза

トウモロコシ

рапс

菜種

фруктовое дерево

果樹

маниок

キャッサバ

злаки

穀物

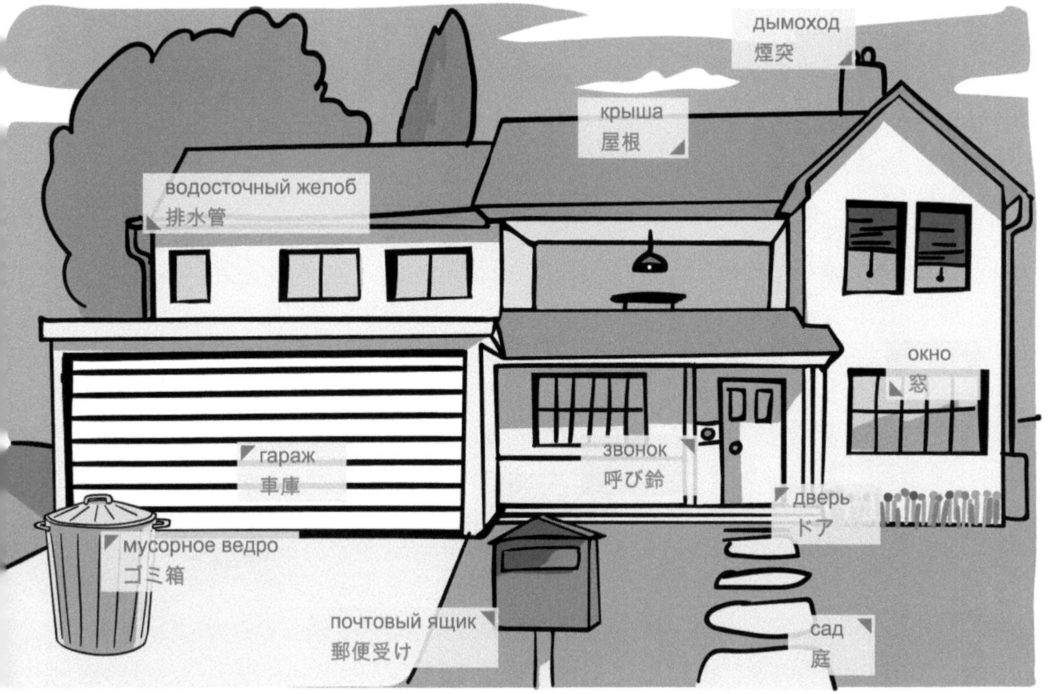

дымоход
煙突

крыша
屋根

водосточный желоб
排水管

окно
窓

гараж
車庫

звонок
呼び鈴

дверь
ドア

мусорное ведро
ゴミ箱

почтовый ящик
郵便受け

сад
庭

гостиная

リビングルーム

ванная комната

浴室

кухня

台所

спальня

寝室

детская комната

子供部屋

столовая

ダイニング・ルーム

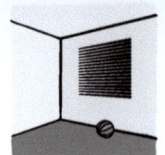

пол

床

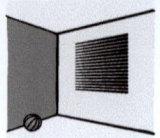

стена

壁

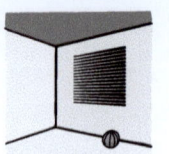

потолок

天井

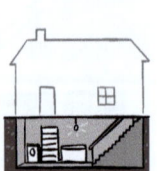

подвал

地下貯蔵庫

сауна

サウナ

балкон

バルコニー

терраса

テラス

бассейн

プール

газонокосилка

芝刈り機

пододеяльник

シーツ

покрывало

ベッドカバー

кровать

ベッド

метла

ほうき

ведро

バケツ

выключатель

スイッチ

гостиная
リビングルーム

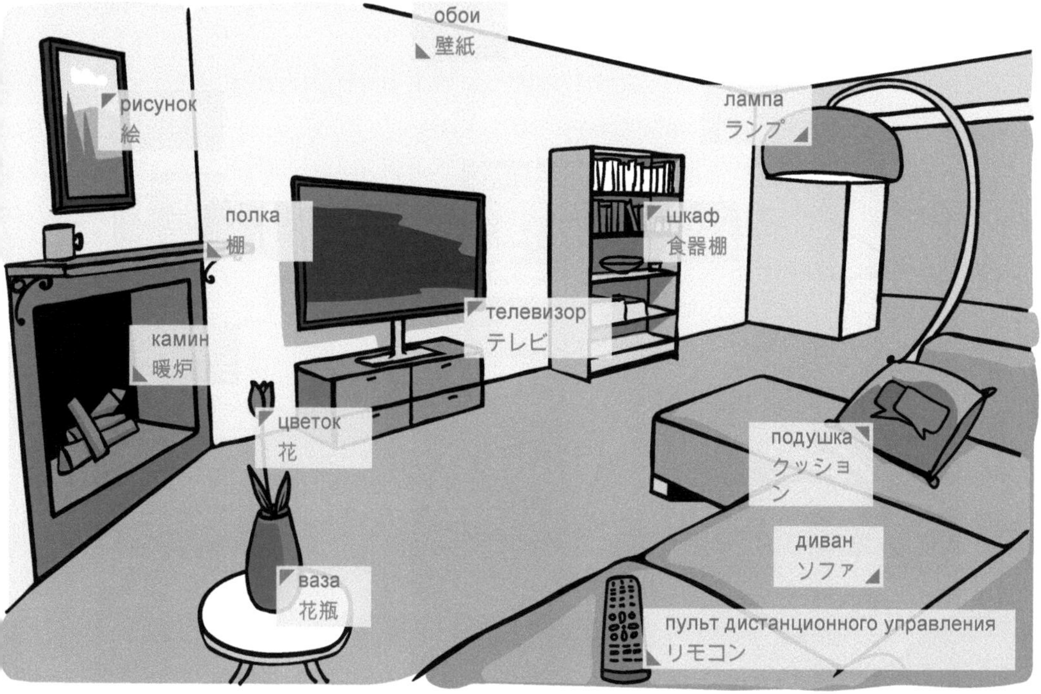
обои
壁紙
рисунок
絵
лампа
ランプ
полка
棚
шкаф
食器棚
телевизор
テレビ
камин
暖炉
цветок
花
подушка
クッション
диван
ソファ
ваза
花瓶
пульт дистанционного управления
リモコン

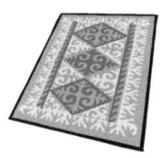

ковёр
カーペット

штора
カーテン

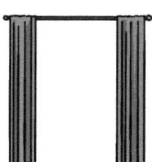

стол
テーブル

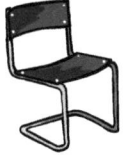

стул
椅子

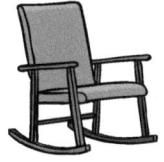

кресло-качалка
ロッキングチェア

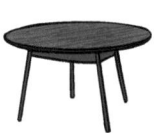

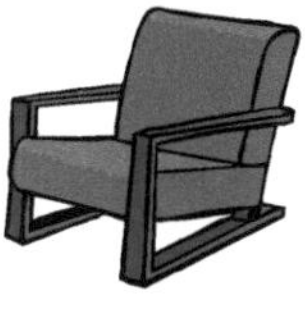

кресло
ひじ掛け椅子

книга

本

покрывало

毛布

украшение

飾り

дрова

たきぎ

фильм

映画

стереосистема

ステレオ

ключ

鍵

газета

新聞

картина

絵画

плакат

ポスター

радио

ラジオ

блокнот

メモ帳

пылесос

掃除機

кактус

サボテン

свеча

ろうそく

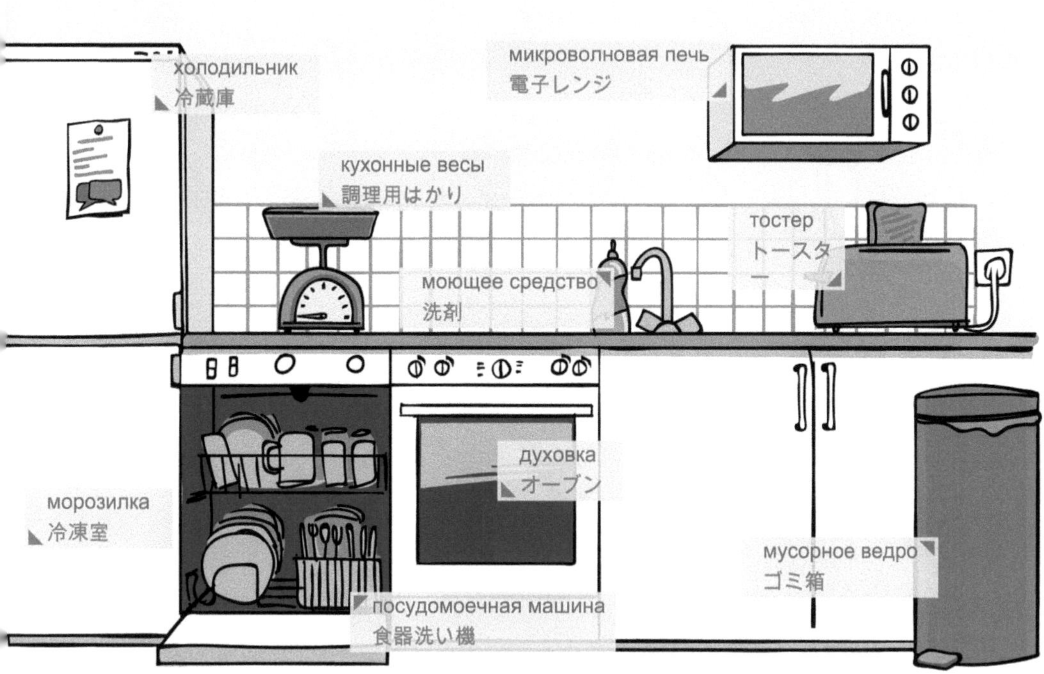

холодильник
冷蔵庫

микроволновая печь
電子レンジ

кухонные весы
調理用はかり

моющее средство
洗剤

тостер
トースター

духовка
オーブン

морозилка
冷凍室

мусорное ведро
ゴミ箱

посудомоечная машина
食器洗い機

плита

こんろ

кастрюля

鍋

чугунный котелок

鉄鍋

вок / кадай

中華鍋 / カダイ鍋

сковорода

フライパン

чайник

やかん

пароварка

蒸し器

противень

天板

посуда

食器

кружка

マグカップ

миска

ボウル

палочки для еды

箸

половник

おたま

лопатка

へら

сбивалка

泡立て器

сито

こし器

сито

ふるい

тёрка

すりおろし器

ступка

すり鉢

гриль

バーベキュー

костёр

かまど

доска

まな板

скалка

麺棒

штопор

栓抜き

жестяная банка

缶

консервный нож

缶切り

прихватка

鍋つかみ

раковина

流し

щетка

ブラシ

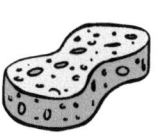

губка

スポンジ

миксер

ミキサー

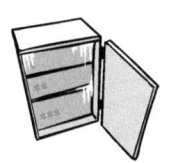

морозильная камера

冷凍庫

бутылочка для кормления

哺乳瓶

кран

蛇口

ванная комната

浴室

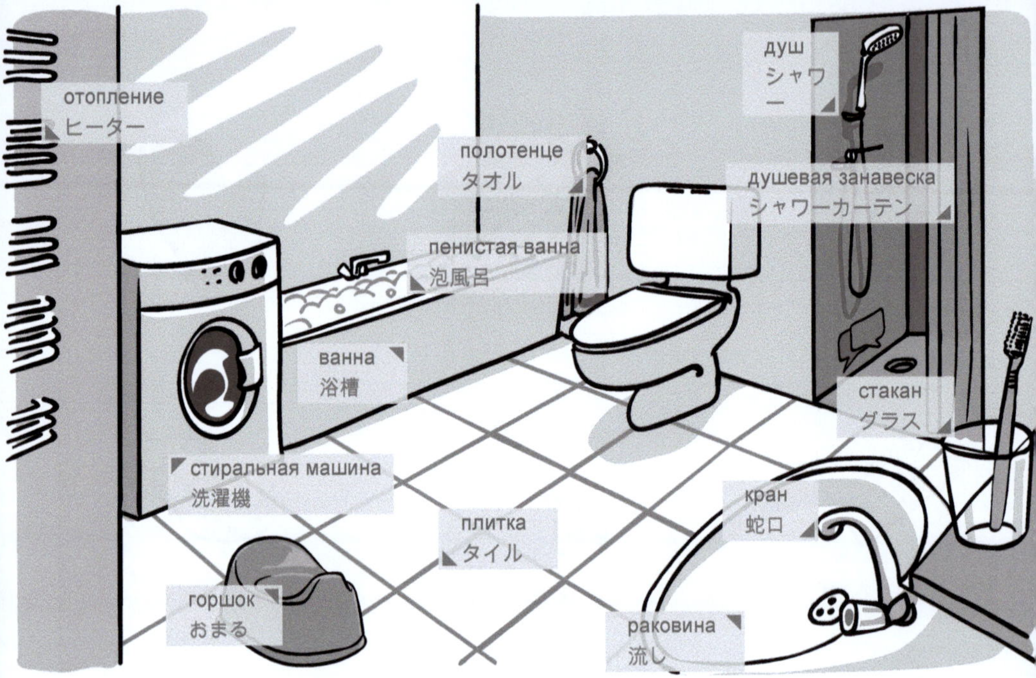

отопление
ヒーター
полотенце
タオル
душ
シャワー
душевая занавеска
シャワーカーテン
пенистая ванна
泡風呂
ванна
浴槽
стакан
グラス
стиральная машина
洗濯機
кран
蛇口
плитка
タイル
горшок
おまる
раковина
流し

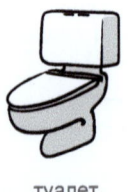

туалет

トイレ

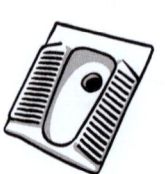

напольный унитаз

和式トイレ

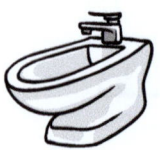

биде

ビデ

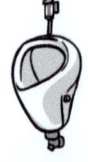

писсуар

小便器

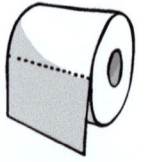

туалетная бумага

トイレットペーパー

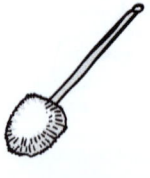

ершик

トイレブラシ

зубная щетка

歯ブラシ

зубная паста

歯みがき

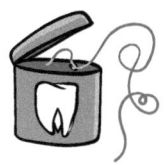

зубная нить

デンタルフロス

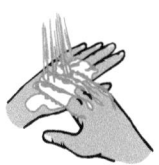

мыть

洗う

ручной душ

シャワーヘッド

интимный душ

ハンドビデ

таз

洗面台

щетка для спины

ボディブラシ

мыло

石鹸

гель для душа

シャワー用ジェル

шампунь

シャンプー

мочалка

浴用タオル

сток

排水口

крем

クリーム

дезодорант

消臭

зеркало

鏡

ручное зеркало

手鏡

бритва

かみそり

пена для бритья

シェービング・フォーム

лосьон после бритья

アフターシェーブローション

расческа

櫛

щетка

ブラシ

фен

ドライヤー

лак для волос

ヘアスプレー

косметика

化粧

губная помада

口紅

лак для ногтей

マニキュア

вата

脱脂綿

маникюрные ножницы

爪切り

духи

香水

косметичка

洗面用具入れ

табуретка

スツール

весы

体重計

халат

バスローブ

резиновые перчатки

ゴム手袋

тампон

タンポン

гигиеническая прокладка

生理用ナプキン

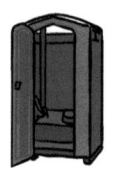

биотуалет

ケミカルトイレ

детская комната

子供部屋

будильник
目覚まし時計
мягкая игрушка
ぬいぐるみ
игрушечный автомобиль
おもちゃの自動車
погремушка
がらがら
кукольный домик
ドール・ハウス
подарок
プレゼント

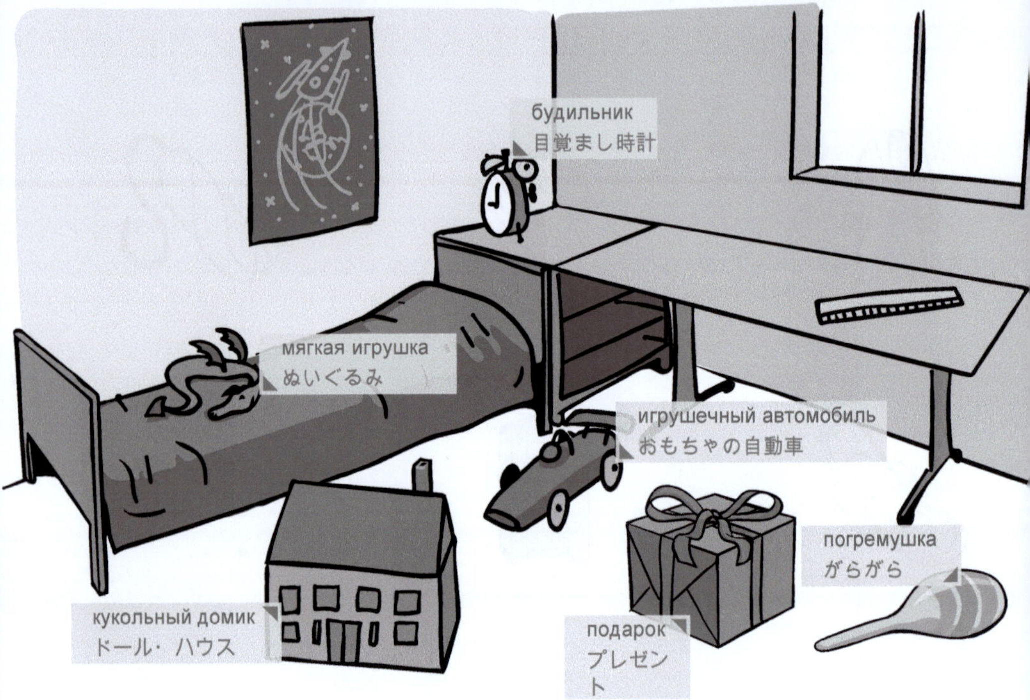

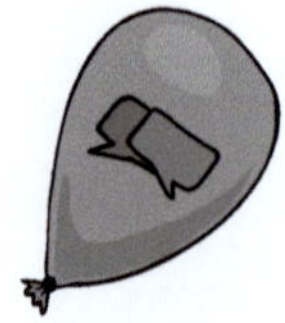

воздушный шар

風船

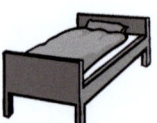

кровать

ベッド

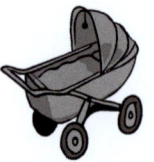

детская коляска

ベビーカー

карточная игра

カードゲーム

пазл

ジグソーパズル

SUPER
MEGA

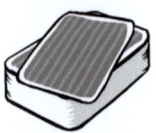

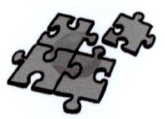

комикс

漫画

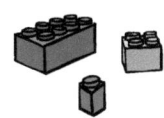

кирпичики Лего

レゴ

кубики

玩具ブロック

игрушечная фигурка

アクションフィギュア

ползунки

ロンパース

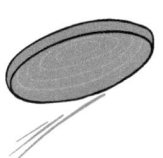

фрисби

フリスビー

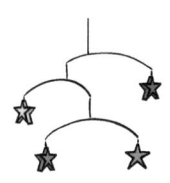

мобиле

モバイル

настольная игра

ボードゲーム

кубик

さいころ

модель железной дороги

鉄道模型

соска

おしゃぶり

вечеринка

パーティー

книга с картинками

絵本

мяч

ボール

кукла

人形

играть

遊ぶ

песочница

砂場

качели

ブランコ

игрушка

おもちゃ

игровая приставка

ゲーム機

трёхколесный велосипед

三輪車

плюшевый медвежонок

テディベア

шкаф для одежды

衣装ダンス

одежда

衣服

носки

靴下

чулки

ストッキング

колготки

タイツ

шарф
スカーフ

зонтик
雨傘

футболка
Tシャツ

ремень
ベルト

сапоги
ブーツ

тапки
スリッパ

кроссовки
スニーカー

сандалии

サンダル

ботинки

靴

резиновые сапоги

ゴム長靴

трусы

パンツ

бюстгальтер

ブラ

майка

ベスト

боди

ボディースーツ

брюки

ズボン

джинсы

ジーンズ

юбка

スカート

блузка

ブラウス

рубашка

シャツ

свитер

セーター

свитер

パーカー

спортивная куртка

ブレザー

жакет

ジャケット

пальто

コート

плащ

レインコート

костюм

服装

платье

ドレス

свадебное платье

ウェディングドレス

одежда - 衣服

мужской костюм

スーツ

ночная сорочка

ナイトガウン

пижама

パジャマ

сари

サリー

платок

ヘッドスカーフ

тюрбан

ターバン

паранджа

ブルカ

кафтан

カフタン

абайя

アバヤ

купальник

水着

плавки

トランクス

шорты

半ズボン

спортивный костюм

スウェットスーツ

фартук

エプロン

перчатки

手袋

пуговица

ボタン

очки

メガネ

браслет

ブレスレット

цепочка

ネックレス

кольцо

指輪

серьга

イヤリング

шапка

帽子

вешалка

ハンガー

шляпа

帽子

галстук

ネクタイ

застежка молния

ファスナー

шлем

ヘルメット

подтяжки

サスペンダー

школьная форма

制服

форма

ユニフォーム

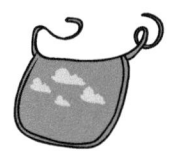

детский нагрудник

よだれかけ

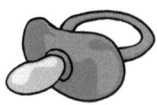

соска

おしゃぶり

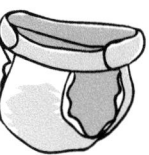

подгузник

おむつ

офис

オフィス

сервер
サーバ
канцелярский шкаф
書類キャビネット
принтер
プリンター
бумага
紙
монитор
モニター
письменный стол
事務机
мышь
マウス
папка
フォルダー
клавиатура
キーボード
корзина для бумаг
ごみ箱
компьютер
コンピューター
стул
椅子

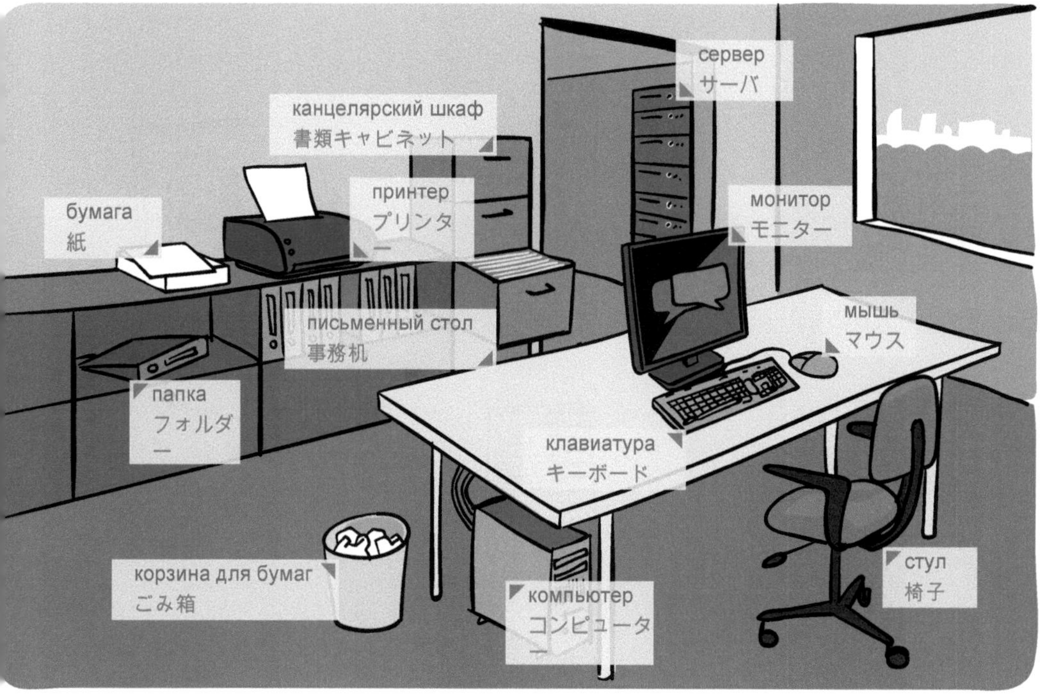

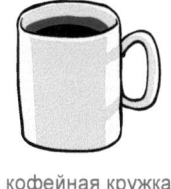

кофейная кружка

コーヒーマグ

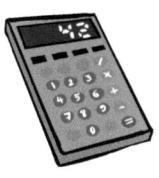

калькулятор

計算機

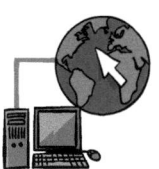

интернет

インターネット

ноутбук

ラップトップ

письмо

手紙

сообщение

メッセージ

мобильный телефон

携帯電話

сеть

ネットワーク

ксерокс

コピー機

программа

ソフトウェア

телефон

電話

розетка

コンセント

факс

ファックス

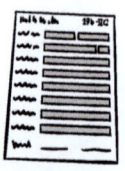

формуляр

フォーム

документ

書類

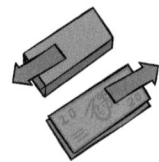

покупать

買う

платить

支払う

торговать

取引する

деньги

お金

доллар

ドル

евро

ユーロ

иена

円

рубль

ルーブル

франк

スイスフラン

жэньминьби юань

人民元

рупия

ルピー

банкомат

キャッシュポイント

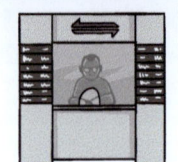

пункт обмена валюты

両替所

золото

金

серебро

銀

нефть

油

энергия

エネルギー

цена

価格

договор

契約

налог

税金

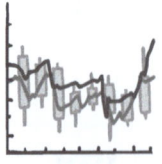

акция

株

работать

働く

служащий

従業員

работодатель

雇用主

фабрика

工場

магазин

ショップ

милиционер
警察官

пожарный
消防士

повар
コック

врач
医師

пилот
パイロット

садовник
庭師

столяр
大工

швея
お針子

судья
裁判官

химик
化学者

актёр
俳優

водитель автобуса

バスの運転手

таксист

タクシー運転手

рыбак

漁師

уборщица

掃除婦

кровельщик

屋根ふき職人

официант

ウェイター

охотник

ハンター

художник

塗装工

пекарь

パン屋

электрик

電気工

строитель

建設作業員

инженер

エンジニア

мясник

肉屋

сантехник

配管工

почтальон

郵便配達人

солдат

軍人

архитектор

建築家

кассир

レジ係

флорист

花屋

парикмахер

美容師

кондуктор

車掌

механик

機械工

капитан

キャプテン

зубной врач

歯科医

ученый

科学者

раввин

ラビ

имам

イスラム導師

монах

修道士

священник

牧師

инструменты
道具

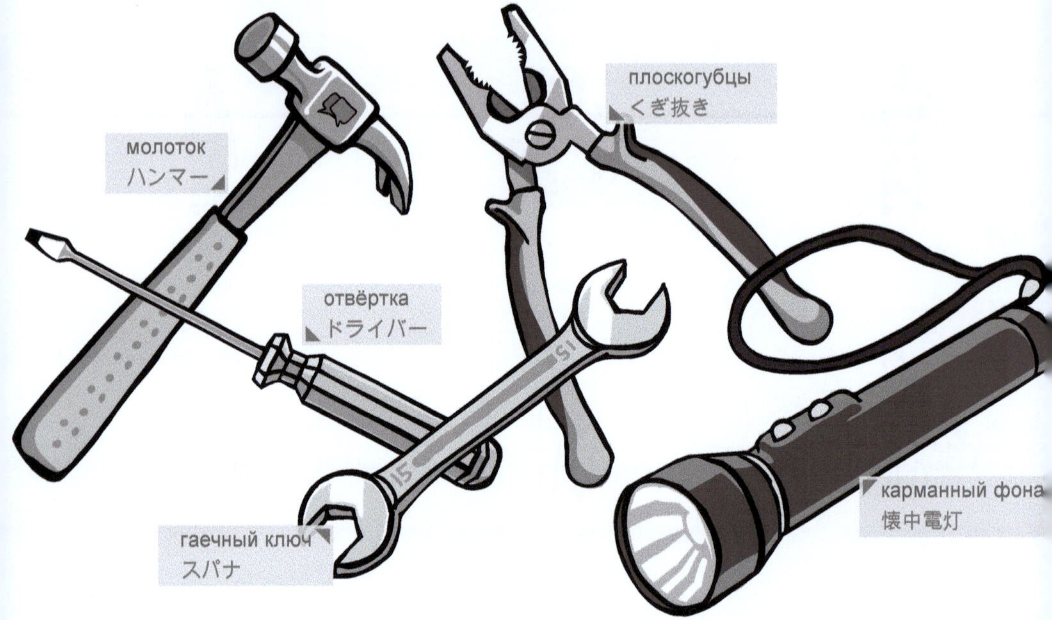

плоскогубцы
くぎ抜き
молоток
ハンマー
отвёртка
ドライバー
карманный фона
懐中電灯
гаечный ключ
スパナ

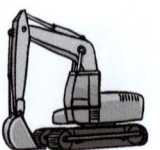

экскаватор
掘削機

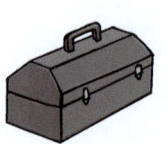

ящик для инструментов
道具箱

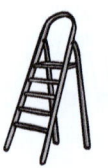

стремянка
はしご

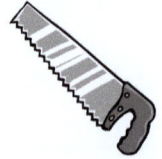

пила
のこぎり

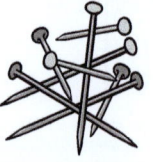

гвозди
釘

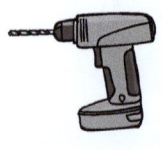

дрель
ドリル

ремонтировать

修理する

лопата

シャベル

Блин!

クソ！

совок

ちりとり

ведро с краской

ペンキ缶

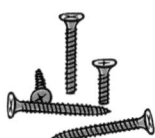

винты

ネジ

музыкальные инструменты
楽器

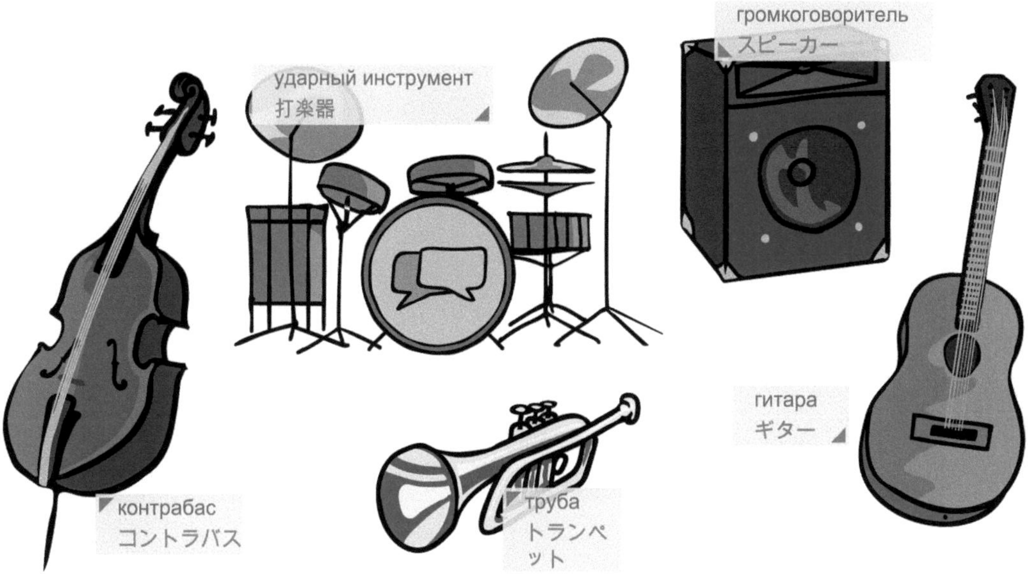

ударный инструмент
打楽器

громкоговоритель
スピーカー

контрабас
コントラバス

труба
トランペット

гитара
ギター

пианино

ピアノ

скрипка

バイオリン

бас-гитара

バス

литавры

ティンパニ

барабан

ドラム

синтезатор

キーボード

саксофон

サックス

флейта

フルート

микрофон

マイクロフォン

зоопарк
動物園

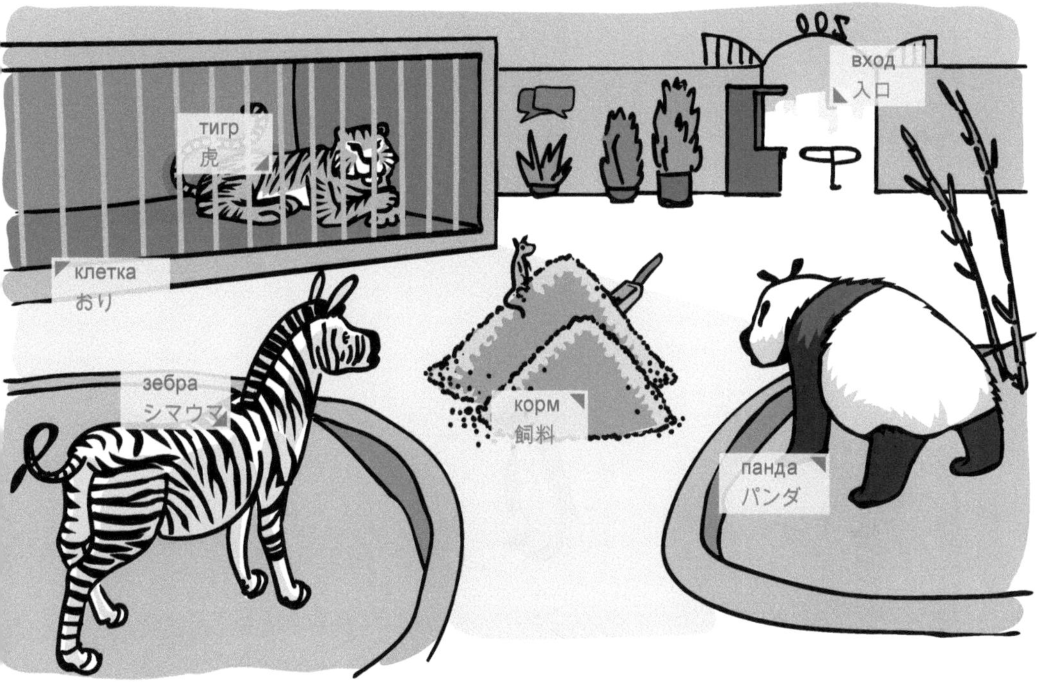
тигр
虎
вход
入口
клетка
おり
зебра
シマウマ
корм
飼料
панда
パンダ

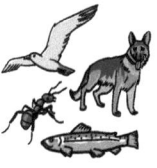

животные

動物

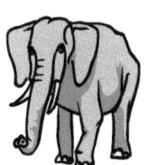

слон

象

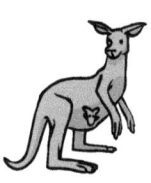

кенгуру

カンガルー

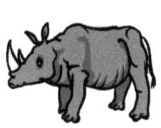

носорог

サイ

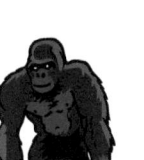

горилла

ゴリラ

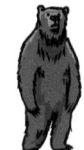

медведь

熊

верблюд

ラクダ

страус

ダチョウ

лев

ライオン

обезьяна

猿

фламинго

フラミンゴ

попугай

オウム

белый медведь

白クマ

пингвин

ペンギン

акула

サメ

павлин

クジャク

змея

蛇

крокодил

ワニ

служитель зоопарка

飼育係

тюлень

アザラシ

ягуар

ジャガー

пони

ポニー

леопард

ヒョウ

бегемот

カバ

жираф

キリン

орёл

鷲

кабан

雄豚

рыба

魚

черепаха

亀

морж

セイウチ

лиса

狐

газель

ガゼル

американский футбол
アメフト

езда на велосипеде
サイクリング

теннис
テニス

баскетбол
バスケットボ
ール

плавание
水泳

хоккей
アイスホ
ッケー

бокс
ボクシン
グ

футбол
サッカー

бадминтон
バドミントン

лёгкая атлетика
陸上競技

гандбол
ハンドボール

лыжный спорт
スキー

поло
ポロ

прыгать
跳ぶ

обнимать
抱きしめる

смеяться
笑う

идти
歩く

петь
歌う

мечтать
夢見る

молиться
祈る

целовать
キス

писать

書く

рисовать

描く

показывать

示す

нажимать

押す

давать

与える

брать

取る

иметь

持っている

делать

する

быть

ある

стоять

立つ

бежать

走る

тянуть

引く

бросать

投げる

падать

落ちる

лежать

横たわっている

ждать

待つ

носить

運ぶ

сидеть

座る

надевать

着る

спать

眠る

просыпаться

目が覚める

рассматривать

見る

плакать

泣く

гладить

なでる

причесывать

櫛ですく

говорить

話す

понимать

理解する

спрашивать

質問する

слушать

聞く

пить

飲む

кушать

食べる

наводить порядок

片づける

любить

愛する

готовить

料理する

ехать

運転する

летать

飛ぶ

ходить под парусом

ヨットに乗る

считать

計算する

читать

読む

учиться

学ぶ

работать

働く

вступать в брак

結婚する

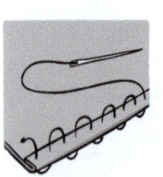

шить

縫う

чистить зубы

歯を磨く

убивать

殺す

курить

喫煙する

отправлять

送る

бабушка
祖母

дедушка
祖父

папа
父

мама
母

младенец
赤ん坊

дочь
娘

сын
息子

гость

お客様

тетя

おば

дядя

おじ

брат

兄弟

сестра

姉妹

тело

体

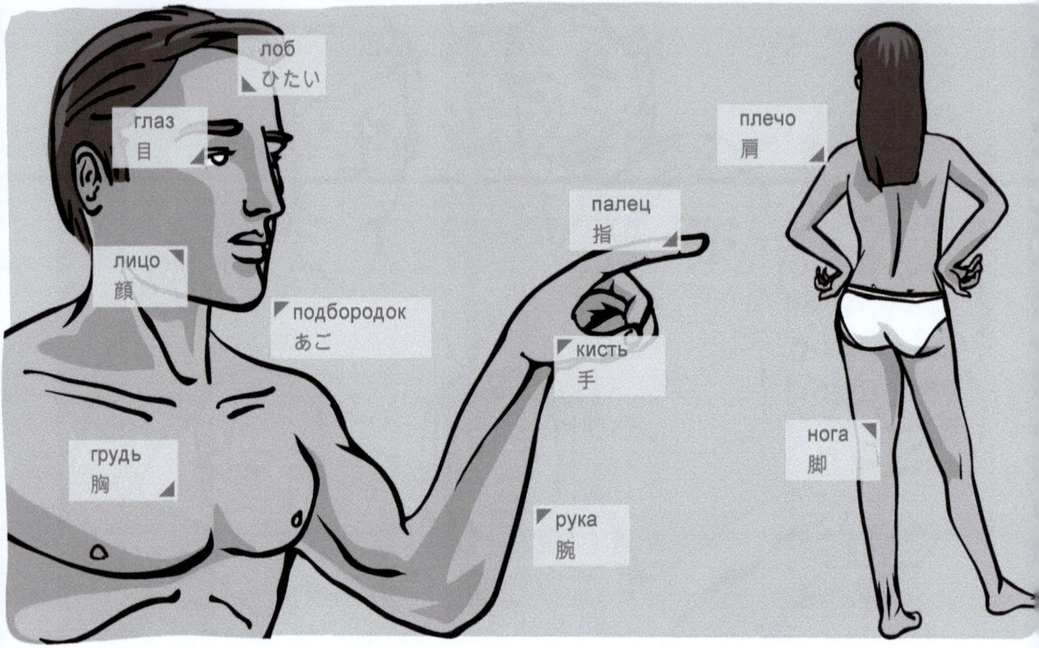
лоб
ひたい
глаз
目
плечо
肩
палец
指
лицо
顔
подбородок
あご
кисть
手
нога
脚
грудь
胸
рука
腕

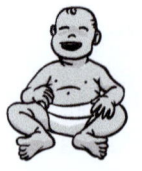

младенец

赤ん坊

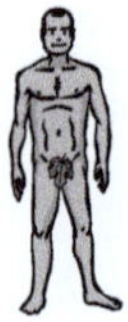

мужчина

男性

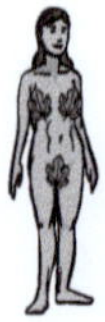

женщина

女性

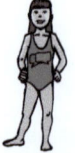

девочка

少女

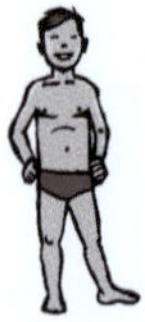

мальчик

少年

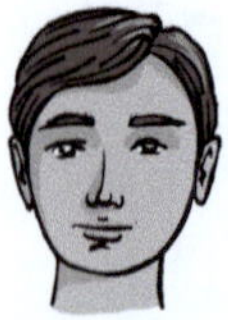

голова

頭

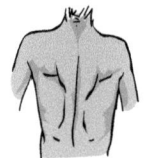

спина

背中

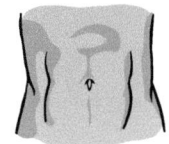

живот

腹

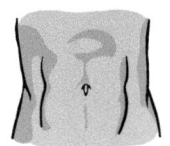

пупок

へそ

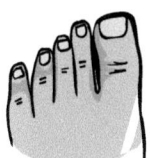

палец ноги

足指

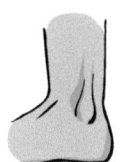

пятка

かかと

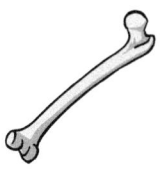

кость

骨

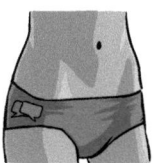

бедро

腰

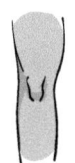

колено

ひざ

локоть

ひじ

нос

鼻

ягодицы

尻

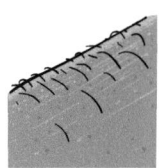

кожа

皮膚

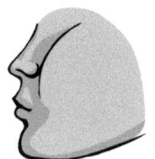

щека

頬

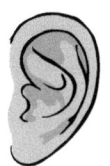

ухо

耳

губа

唇

тело - 体

рот

口

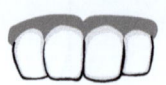

зуб

歯

язык

舌

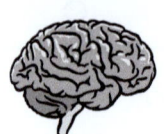

мозг

脳

сердце

心臓

мышца

筋肉

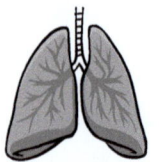

лёгкое

肺

печень

肝臓

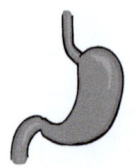

желудок

胃

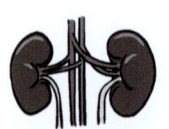

почки

腎臓

половой акт

セックス

презерватив

コンドーム

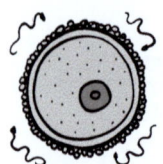

яйцеклетка

卵細胞

сперма

精液

беременность

妊娠

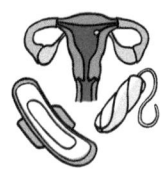

менструация

月経

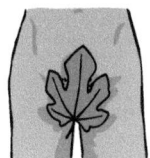

вагина

膣

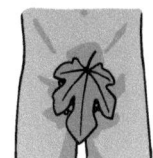

пенис

ペニス

бровь

眉

волосы

髪

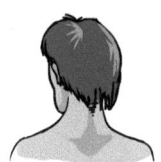

шея

首

тело - 体

больница
病院

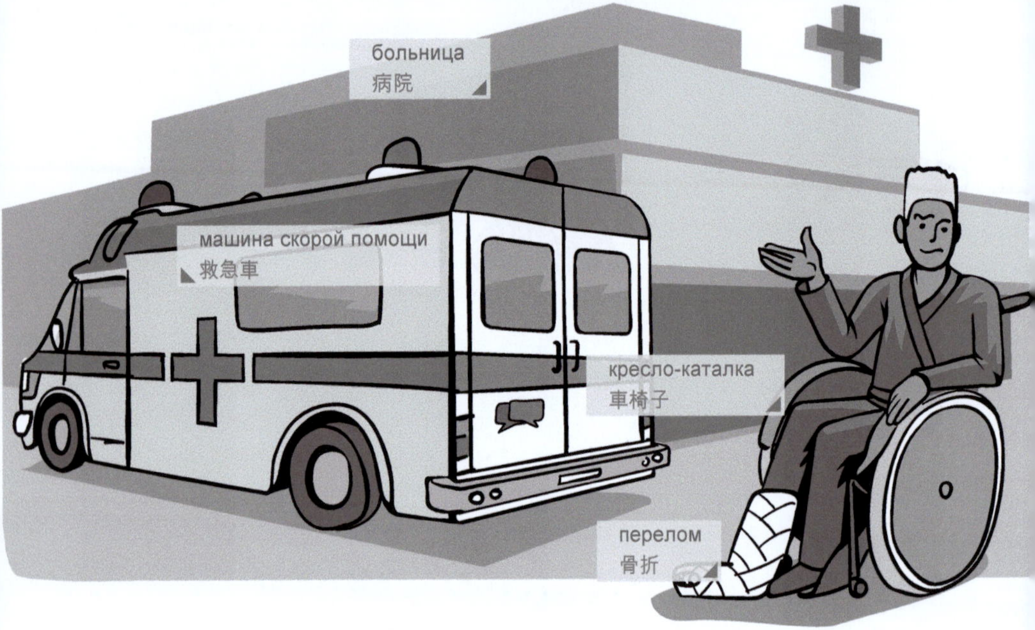

больница
病院
машина скорой помощи
救急車
кресло-каталка
車椅子
перелом
骨折

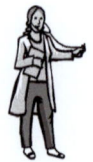

врач
医師

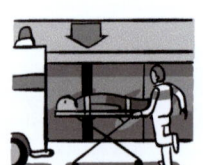

пункт первой помощи
救急治療室

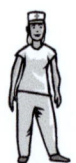

медсестра
看護師

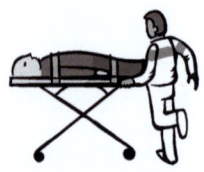

неотложный случай
救急

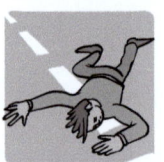

без сознания
失神

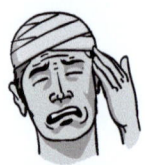

боль
痛み

повреждение

けが

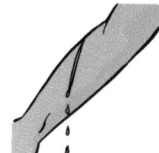

кровотечение

出血

инфаркт

心臓発作

инсульт

脳卒中

аллергия

アレルギー

кашель

咳

повышенная температура

熱

грипп

インフルエンザ

понос

下痢

головная боль

頭痛

рак

癌

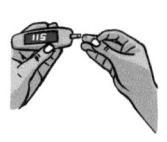

диабет

糖尿病

хирург

外科医

скальпель

外科用メス

операция

手術

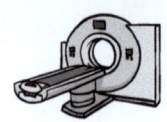

КТ

СТ

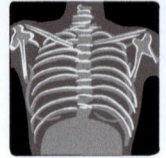

рентген

レントゲン

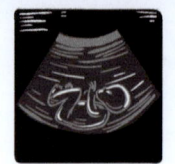

ультразвук

超音波

маска

マスク

болезнь

病気

приёмная

待合室

костыль

松葉づえ

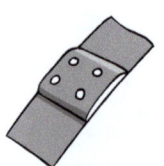

пластырь

ばんそうこう

бинт

包帯

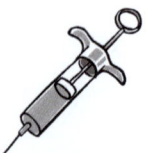

укол

注射

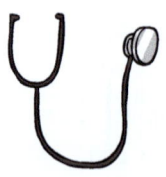

стетоскоп

聴診器

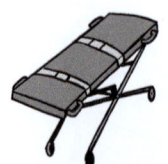

носилки

担架

термометр

体温計

рождение

出産

избыточный вес

肥満

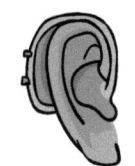

слуховой аппарат

補聴器

дезинфекционное
средство

消毒剤

инфекция

感染

вирус

ウィルス

ВИЧ / СПИД

HIV / エイズ

лекарство

内服薬

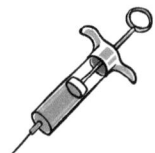

прививка

予防接種

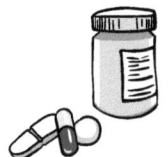

таблетки

錠剤

противозачаточная
таблетка

ピル

экстренный вызов

緊急電話

прибор для измерения
кровяного давления

血圧計

больной / здоровый

病気の / 健康な

Помогите!

助けて！

сигнал тревоги

アラーム

нападение

暴行

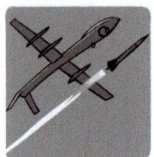

атака

攻撃

опасность

危険

запасной выход

非常口

Пожар!

火事だ！

огнетушитель

消火器

несчастный случай

事故

аптечка

救急箱

SOS

SOS

милиция

警察

Европа

ヨーロッパ

Северная Америка

北米

Южная Америка

南米

Африка

アフリカ

Азия

アジア

Австралия

オーストラリア

Атлантический океан

大西洋

Тихий океан

太平洋

Индийский океан

インド洋

Антарктический океан

南極海

Северный Ледовитый океан

北極海

Северный полюс

北極

Южный полюс

南極

Антарктика

南極大陸

земля

地球

суша

陸

море

海

остров

島

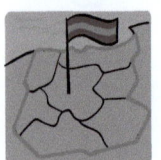

нация

国家

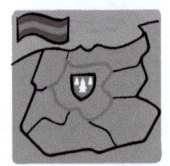

государство

国家

земля - 地球

циферблат

文字盤

часовая стрелка

短針

минутная стрелка

長針

секундная стрелка

秒針

Который час?

何時ですか？

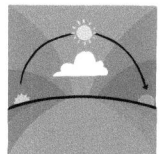

день

日

время

時間

сейчас

現在

электронные часы

デジタル時計

минута

分

час

時間

понедельник
月曜

MO

вторник
火曜

TU

среда
水曜

W

TH

четверг
木曜

суббота
土曜

FR

пятница
金曜

SA

SO

воскресенье
日曜

вчера

昨日

сегодня

今日

завтра

明日

утро

朝

полдень

昼

вечер

夜

рабочие дни

営業日

выходные

週末

дождь
雨

радуга
虹

ветер
風

снег
雪

весна
春

осень
秋

лето
夏

зима
冬

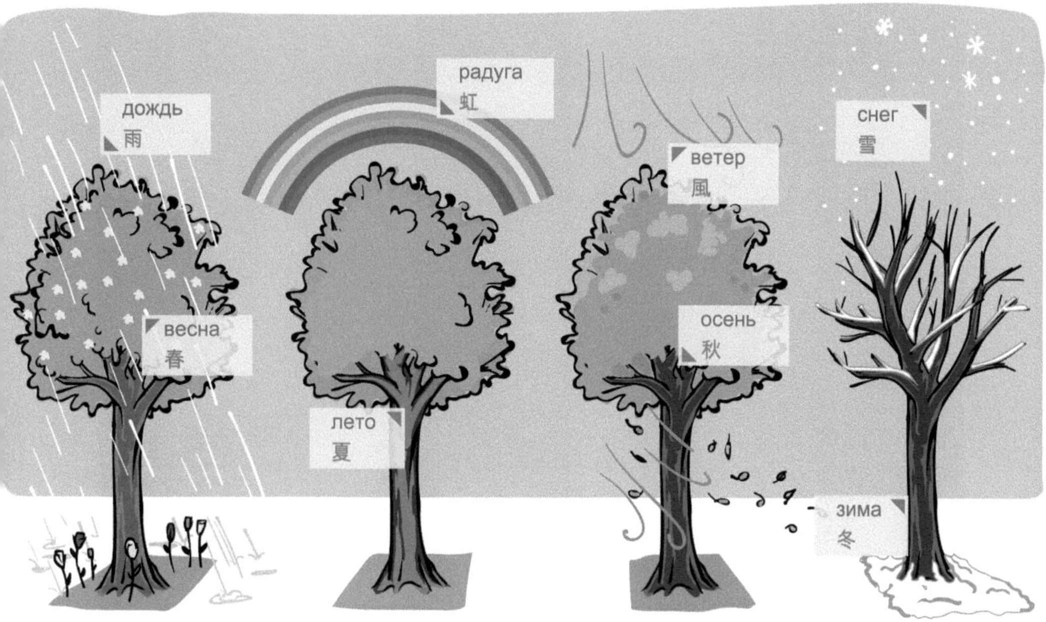

прогноз погоды

天気予報

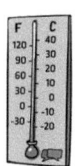

термометр

温度計

солнечный свет

日差し

туча

雲

туман

霧

влажность воздуха

湿度

молния

雷

гром

雷

буря

嵐

град

ひょう

муссон

季節風

наводнение

洪水

лёд

氷

январь

1月

февраль

2月

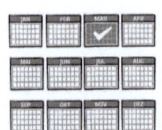

март

3月

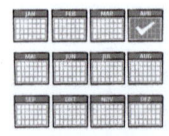

апрель

4月

май

5月

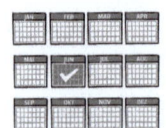

июнь

6月

июль

7月

август

8月

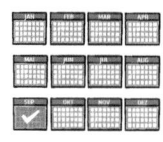

сентябрь
....
9月

октябрь
....
10月

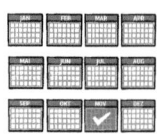

ноябрь
....
11月

декабрь
....
12月

формы

形

круг
....
円

квадрат
....
正方形

прямоугольник
....
長方形

треугольник
....
三角

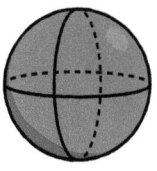

шар
....
球

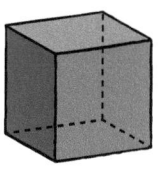

куб
....
立方体

белый

白

желтый

黄

оранжевый

オレンジ

розовый

ピンク

красный

赤

лиловый

紫

синий

青

зелёный

緑

коричневый

茶

серый

灰色

черный

黒

много / мало

多い / 少ない

яростный / мирный

怒っている /
落ち着いている

красивый / уродливый

美しい / 醜い

начало / конец

初め / 終わり

большой / маленький

大きい / 小さい

светлый / темный

明るい / 暗い

брат / сестра

兄弟 / 姉妹

чистый / грязный

清潔な / 汚い

полный / неполный

完全な / 不完全な

день / ночь

日中 / 夜

мёртвый / живой

死んだ / 生きている

широкий / узкий

幅広い / 狭い

съедобный / несъедобный

食べられる /
食べられない

злой / дружелюбный

悪意のある / 親切な

взволнованный /
скучающий
興奮している /
退屈している

толстый / худой

太った / 痩せた

сначала / в конце

最初に / 最後に

друг / враг

友人 / 敵

полный / пустой

いっぱいの / 空の

твёрдый / мягкий

硬い / 柔らかい

тяжёлый / легкий

重い / 軽い

голод / жажда

空腹 / 喉の渇き

больной / здоровый

病気の / 健康な

незаконный / законный

違法な / 合法な

умный / глупый

賢い / 愚かな

слева / справа

左に / 右に

близко / далеко

近い / 遠い

новый / подержанный

新しい / 中古の

ничто / нечто

何もない / 何かある

старый / молодой

老いた / 若い

включено / выключено

オン / オフ

открыто / закрыто

開いている /
閉まっている

тихо / громко

静かな / うるさい

богатый / бедный

裕福な / 貧乏な

**правильный /
неправильный**

正しい / 間違っている

шероховатый / гладкий

粗い / なめらか

печальный / счастливый

悲しい / 幸せな

короткий / длинный

短い / 長い

медленный / быстрый

ゆっくり / 速い

мокрый / сухой

濡れた / 乾いた

тёплый / прохладный

温かい / 冷たい

война / мир

戦争 / 平和

0

ноль

ゼロ

1

один

1

2

два

2

3

три

3

4

четыре

4

5

пять

5

6

шесть

6

7

семь

7

8

восемь

8

9

девять

9

10

десять

10

11

одиннадцать

11

12

двенадцать
....
12

13

тринадцать
....
13

14

четырнадцать
....
14

15

пятнадцать
....
15

16

шестнадцать
....
16

17

семнадцать
....
17

18

восемнадцать
....
18

19

девятнадцать
....
19

20

двадцать
....
20

100

сто
....
100

1.000

тысяча
....
1000

1.000.000

миллион
....
100万

английский

英語

американский английский

アメリカ英語

мандаринский китайский

中国標準語

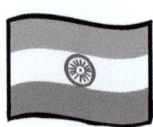

хинди

ヒンディー語

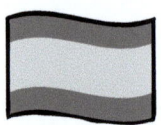

испанский

スペイン語

французский

フランス語

арабский

アラビア語

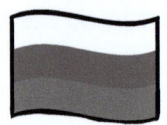

русский

ロシア語

португальский

ポルトガル語

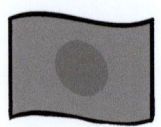

бенгальский

ベンガル語

немецкий

ドイツ語

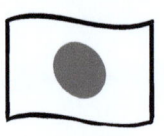

японский

日本語

я

私

ты

あなた

он / она / оно

彼 / 彼女 / それ

мы

私たち

вы

あなたたち

они

彼ら

кто?

誰？

что?

何？

как?

どうやって？

где?

どこ？

когда?

いつ？

имя

名前

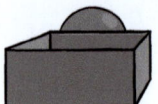

за

後ろ

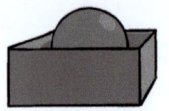

в

中

перед

前

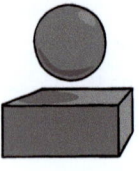

над

上

на

上

под

下

рядом

横

между

間

место

場所